Die geldfreie Gesellschaft

Ein neues System

Bibliographische Information der Deutschen Nationalbibliothek verzeichnet diese Publikation in der Deutschen Nationalbibliographie; detaillierte bibliographische Daten sind im Internet über dnb.dnb.de abrufbar.

© 2016 Michael Kruse

Herstellung und Verlag: BoD-Books on Demand, Norderstedt

ISBN: 9783741228063

INHALTSVERZEICHNIS

1. Kapitalismus..5

2. Systemfehler..8

3. Kurskorrektur..13

4. Werte..15

5. Rechte und Pflichten...17

6. Punktesystem..18

7. Familie...19

8. Arbeit...20

9. Wohnraum..22

10. Freizeit..23

11. Schlusswort...24[i]

1. KAPITALISMUS

Unser kapitalistisches Geldsystem war, ich wiederhole war, dass beste Wirtschaftssystem das je erfunden wurde. Irgendjemand ist auf die Idee gekommen, man könnte Ware gegen Geld also Münzen tauschen was viel praktischer war, wie Tauschgeschäfte in denen man nur Ware gegen Ware getauscht hat. Aber das kapitalistische System kam erst richtig in Fahrt durch die sogenannte erste industrielle Revolution des 18 Jahrhunderts in Großbritannien. Dampfmaschine und der mechanische Webstuhl wurden erfunden und erst dadurch wurde es möglich von der reinen Agrarwirtschaft zu immer mehr Massenfertigung in Fabriken überzugehen. Die Textilindustrie wuchs immens dadurch und als die Erfindung der Dampflokomotive im Jahr 1814, George Stevenson gelang, war es machbar in einer konstanten Geschwindigkeit von einem Ort zum anderen zu reisen. Die zweite industrielle Revolution begann so in den 1870er Jahren mit der Elektrifizierung von Produktionsabläufen des alltäglichen Lebens. Industrielle Revolution Nummer 3 wird als digitale Revolution bezeichnet, die Ende des 20. Jahrhunderts, durch Computerisierung alle Lebensbereiche beschleunigte. All diese Erfindungen und Errungenschaften waren nötig um unsere moderne Gesellschaft die wir heute kennen zu ermöglichen.

Um auf die verschiedenen Systemformen zu kommen: In den 1920er Jahren wurde Faschismus in verschiedenen europäischen Ländern und in Japan immer beliebter. Faschismus ist mehr ein rechtspolitisches System in dem die Rassenlehre eine große Rolle spielt. Die einzelne Person ist nicht so wichtig, sie stellt ihre Ansprüche hinter denen des Volkes an. Im Faschismus herrscht eine totalitäre Partei, die die Richtungen des Volkes lenkt, um eine solidarische Gesellschaft, die auf Expansion indoktriniert ist, zu erzeugen. Somit wird Wohlstand erzwungen, in dem man andere Länder erobert und ihre Völker vereinnahmt, versklavt oder vernichtet.

In etwa demselben Zeitraum wurde in Russland, später als Sowjetunion bekannt, der Kommunismus und dessen Ideologie eingeführt. Kommunismus besagt, dass die Güter der Gemeinschaft gehören. Es sollten alle gemeinsam für das Wohl zusammen arbeiten, damit Wohlstand entsteht, was in der Theorie eigentlich eine gute Sache ist. Der Fehler von allen kommunistischen Ländern ist und war, dass um ihr Ziel vom Wohlstand zu erreichen, sie eine Planwirtschaft gegründet haben, wo die kommunistische Volkspartei zentral die Produktion von Gütern und Dienstleistungen steuert. Es erwies sich als eine völlig schlechte Wirtschaftsform weil erstens alles vom Staat entschieden wird, wie und was produziert werden sollte. Es führte zu Fehlentscheidungen, weil entweder die Staatsbediensteten sich nicht so gut mit der Thematik auskannten, oder sie reagierten zu langsam auf nötige Veränderungen. Zweitens weil der einzelne Bürger sich bevormundet fühlte und keinen Antrieb hatte seiner Arbeit nachzugehen, weil es vielleicht sinnlos war und er kein Eigennützen darin sah. Gleichzeitig wurde in der restlichen „freien Welt" Kapitalismus gelebt und man konnte schon erkennen, dass es den Menschen im Kapitalismus immer besser ging durch Wohlstand, Freiheit, Demokratie und Selbstbestimmung. Das kommunistische System wurde in Europa langsam aufgegeben und herrscht jetzt nur noch in Kuba und Nordkorea, wo die Menschen bitter arm und eingesperrt sind. Nach den zwei Weltkriegen erlebte der Kapitalismus einen regelrechten Boom. Hauptsächlich Europa und Asien wurden wieder aufgebaut. Amerika erlebte nach der „Großen Depression", wieder einen wirtschaftlichen Aufbruch, durch die zwei Weltkriege. Es avancierte schnell zur größten kapitalistischen Weltmacht.

Kapitalismus ist eine Wirtschaftsform in der das Privateigentum und die Vergrößerung des Eigenkapitals an erster Stelle steht. In Deutschland und auch in anderen Ländern herrscht derzeit soziale Marktwirtschaft. Soziale Marktwirtschaft ist dass selbe nur mit einem sozialen Ausgleich. Das bedeutet, es wird versucht die Sozialschwachen oder bedürftigen Mitbürger zu unterstützen. Sie werden durch Geldzuschüsse, Grundversorgung oder soziale Einrichtungen unterstützt. Das Konzept sieht vor, dass erbrachte Arbeit durch Sozialversicherungsbeiträge besteuert wird und jeder die entsprechenden Sozialleistungen abschöpfen kann, sollte er in eine Bedürftigkeit geraten.

2. SYSTEMFEHLER

Das Leben was wir jetzt führen könnte immer so weitergehen, die Welt würde immer mehr Wohlstand produzieren bis niemand mehr arbeitslos, krank oder verhungert ist. Da alle genug haben muss niemand stehlen, rauben oder sich bekriegen und die Welt wäre friedlich. Da merken wir das es leider nicht so ist und wieso:

a.) TECHNOLOGIE

Durch die industrielle Revolutionen können wir immer effizientere Maschinen, Autos und alltags Gegenstände herstellen. Agrarwirtschaft war durch chemische Düngemittel, riesige Feldmaschinen und automatische Verpackungsabläufe noch nie so ertragreich. Aber was auf der einen Seite gut ist, ist auf der anderen schlecht, nämlich es werden weniger Menschen nötig sein um die Arbeiten zu erledigen. Infolgedessen gibt es immer mehr Teilzeitjobs, befristete Arbeitsverträge und Zeitarbeit. Arbeitskräfte müssen immer flexibler sein und lange Arbeitswege in Kauf nehmen. Im Endeffekt arbeiten wir gegen unsere eigenen technologischen Fortschritte und wenn alles digitalisiert wird, und Roboter überall zum Einsatz kommen, werden die Meisten arbeitslos.

b.) DAS SOZIALE

Während dem kalten Krieg haben die zwei verschiedenen Wirtschaftssysteme (Kapitalismus und Kommunismus) sich nicht nur durch militärische Aufrüstung konkurriert, sondern auch durch soziale Unterstützung. Besonders in der ehemaligen BDR und DDR wurde auf beiden Seiten versucht attraktiver für das Volk auszusehen. Es wurde immer mehr deutlich das die

Planwirtschaft der DDR, Ostblock und die UdSSR nicht fähig waren, die Konsum –und Eigenständigkeitsbedürfnisse ihrer Gesellschaften zu befriedigen. Nach dem Untergang vom Kommunismus haben die meisten Länder langsam ihre Sozialleistungen reduziert um auf dem Weltmarkt konkurrenzfähig zu bleiben. Durch die Globalisierung können Betriebe aussuchen in welches Land sie ihre Produktion verlagern wollen. Da wo es niedrigere Löhne, schlechtere Arbeitsstandards und lockere Umweltregeln gibt, kann man mehr Profit machen. Ob es nun um Stundenlohn, oder Arbeitszeiten, Arbeitslosengeld, Grundsteuereinnahmen usw. geht, werden Kommunen und Länder gezwungen diese zu Lasten der Bevölkerung zu verschlechtern. Dasselbe gilt natürlich bei der Gewinnbesteuerung, da Konzerne weltweit agieren können sie ihre Gewinne oder Verluste so hin und her in die verschiedene Filialen oder Tochterfirmen verschieben, bis sie kaum mehr Steuern zahlen müssen. Der meiste Profit wird heutzutage nicht durch „ehrliche" Arbeit also etwas produzieren erzielt, sondern durch Zinsgeschäfte und Vermögen erben. Dies geht alles zu Lasten der Allgemeinheit die in ihren jeweiligen Staatskassen weniger für Soziales ausgeben können. Ich habe letztens im Radio gehört, dass etwa die Hälfte der Bevölkerung sich nur mit einer Sozialrente im Hartz4 Niveau erfreuen darf und dass ein Renteneintrittsalter von 70 Jahren diskutiert wird. Und das ist noch lange nicht das Ende der Fahnenstange. Wie einst ein berühmter Politiker sagte „Wenn eins sicher ist, dann ist es die Rente" er sagte aber nicht ab wann und wie hoch die Rente ausfällt. Was wir spezifisch in Deutschland haben ist ein Szenario des demographischen Wandels. Die Bevölkerung wird durch hohe Lebensstandards (Ernährung und Gesundheitsvorsorge) immer älter, gleichzeitig werden weniger Kinder geboren. Dies führt dazu, dass der Generationenvertrag in seiner jetzigen Form nicht bezahlbar ist. Für die Waffen produzierenden Länder ist Krieg natürlich höchst profitabel. Es entsteht eine Kriegswirtschaft und für die Gewinner werden die Karten neu gemischt, sie bekommen mehr Einfluss und Macht während sie das Land neu aufbauen. Alle Bürger brauchen wieder Zugang zu medizinischer Versorgung, ein neues Zuhause, Nahrungsangebot, Infrastruktur usw. Das ist das Paradoxe an unserer ziemlich friedlichen Welt es ist irgendwann schlecht für den Kapitalismus. Durch die Globalisierung holen die BRIC Staaten und Drittweltländer schneller zu Amerika und Europa auf, es werden Überkapazitäten schon jetzt überall erreicht. Wenn die verschiedenen Länder immer mehr versuchen durch Handelsabkommen wie TTIP die Märkte zu vereinheitlichen, wird es diesen Prozess nur beschleunigen und Sozialstandards dezimieren. Ein anderer Aspekt der globalisierten Weltwirtschaft ist das Geld, die Güter und Rohstoffe überall verschoben werden können, um höhere Rendite zu erzielen. Was sich nicht überall bewegen darf und dadurch benachteiligt werden, sind die Menschen, die durch diese Verschiebungen in ihren alltäglichen Bemühungen einen gewissen sozialen Standard zu erreichen versuchen. Sie werden zu sogenannten „Wirtschaftsflüchtlingen" die versuchen von Drittweltländern in Amerika und Europa zu immigrieren, um sich und ihren Kindern einen Lebensstandard zu ermöglichen, an dem wir uns in der westlichen Welt erfreuen. Durch unseren immer stärkeren Bedarf an Rohstoffen und besseren Marktansprüchen entstehen bewaffnete Konflikte und Kriege, was dazu führt, dass Menschen ihre Heimat komplett verlieren und gezwungen sind, ein neues Zuhause zu finden c.) UMWELT

Wenn es möglich wäre wie in vielen Science- Fiction Filmen, dass die Menschheit andere Planeten besiedeln könnten, dann wären unser Umweltschädigungen nicht sehr von Bedeutung. Das Problem ist, dass wir nur diese eine Erde haben. Unsere Umwelt wird immer mehr durch unser kapitalistisches, expansives System belastet. Wir erreichen immer mehr Peaks (Oilpeak, Soilpeak) das heißt langfristig werden unsere Ressourcen immer weniger. Gleichzeitig verschmutzen wir immer mehr unseren Globus. Dies alles führt zu höheren Erdtemperaturen, Klimakatastrophen, weniger sauberes Wasser und das Aussterben der Pflanzen-und Tierwelt. Man kann den Klimawandel aber schlecht an einem Einzelereignis festlegen. Es ist ein schleichender Prozess z.B.: Die australische Great Barrier Reef bleicht langsam aus, eine Nashornspezies ist bereits ausgestorben, es gibt zu wenig Wasser in Spanien etc. Wie bei dem Frosch der in den Topf mit heißem Wasser sprang, da merkte er, dass es zu heiß war und sprang sofort raus. Als er am nächsten Tag wieder in den Topf mit Wasser sprang und es kalt war, blieb er drin. Was er nicht wusste war das die Herdplatte eingeschaltet war und das Wasser immer heißer wurde, bis es kochte. Da es sich nur langsam erhitzte, nahm es der Frosch nicht wahr und verkochte. Das es um unseren Lebensraum ständig schlechter bestellt ist, ist den Meisten von uns nicht entgangen und deswegen wird ständig in der Politik und Wirtschaft versucht nachzubessern. Sei es durch immer mehr „grüne" Produkte, höhere EU Umweltstandards oder wie nach der Atomkatastrophe in Fukushima, der beschlossene Atomausstieg. Das alles wird aber leider nicht reichen um unsere Welt zu retten, weil unser Kapitalsystem in die falsche Richtung läuft. Durch diese Nachbesserungen laufen wir etwas langsamer aber immer noch ins Verderben.

Wollen wir, dass unser Leben immer mehr beschleunigt und unsere Probleme sich zuspitzen? Ich vergleiche Kapitalismus manchmal mit dem Brettspiel Monopoly: Am Anfang bekommen alle die gleiche Menge Geldscheine und es macht Spaß sich Straßen, Häuser und Hotels anzueignen, aber im Verlauf des Spieles gibt es meistens 1 oder 2 Spieler die nach und nach mehr besitzen. Wenn man dazugehört macht das Spiel natürlich noch mehr Spaß, man kann nicht schnell genug Geld kassieren und Hotels bauen. Aber wenn man zu der Mehrheit der anderen Spieler gehört dann wird das Spiel nur teurer, man muss Hypotheken aufnehmen und es ist nur noch ein Überlebenskampf. Zum Schluss hat ein Spieler alle Straßen vereinnahmt oder die anderen können ihre Schulden nicht begleichen und dann heißt es Game Over. Man kann beobachten dass es immer mehr Menschen auf der Welt gibt, die unser kapitalistisches Spiel nicht mehr spielen wollen. Sie kommen logischerweise vermehrt von der Unter –und Mittelschicht. Heutzutage kann man sich überall einer Gegenbewegung anschließen, ob es Occupy, Greenpeace, Pegida, ATTAC oder Friedensdemo heißt. Manche werden radikal entweder Rechts oder Links (Antifa) andere suchen ihren Sinn im Leben sogar in einer terroristischen Organisation oder einem Staat wie IS, wo sie erst recht für irgendwelche Machtansprüche missbraucht werden. Ob man eine rechte, linke, konservative, liberale, populistische oder ökologische Partei wählt, wenn sie an die Macht kommen, müssen sie den Märkten mehr Freiheit geben und ihre Sozialausgaben kürzen um das Land wettbewerbsfähig zu halten. Jeder steht in Konkurrenz zu seinem Nächsten: Jung gegen Alt, Arm gegen Reich, Mann gegen Frau, Mensch gegen Natur und der Ton wird immer rauer. Gibt es zu all dem vielleicht eine Lösung?

3. KURSKORREKTUR

Um uns in die richtige Richtung zu lenken bedarf es einiger Umstellungen. Die Politik darf nicht nur auf Situationen reagieren, sie muss schon vorher agieren. Das Gute ist, in Deutschland und anderen europäischen Ländern, haben wir noch eine intakte Sozialinfrastruktur, diese gilt es nicht langsam abzuschaffen, sondern auszubauen: Kostenloser Zugang zu Gesundheits –und Pflegeversorgung, kostenlose Bildung und das jeder das Recht hat auf eine Sozialwohnung mit einer bestimmten Mindestgröße. Die öffentlichen Verkehrsmittel müssen gut ausgebaut sein und günstiger gemacht werden. Es sollten Umweltförderprogramme entstehen, die für alle Bereiche sorgen, dass das umweltfreundlichste Produkt am günstigsten ist. Egal ob es um Agrarwirtschaft, Wohnungsbau Mobilität (elektro –oder wasserstoffbetriebene Fahrzeuge) oder sämtliche Güter was im Handel zu kaufen sind geht.

Sie sagen bestimmt: „Alles schön und gut, aber wer soll das bezahlen?" Auf alle Produkte die es zu kaufen gibt, müssen höhere Steuern erhoben werden z.B. eine Umweltsteuer. Dafür sollten Produkte viel stabiler und robuster gebaut werden, sie sollen so lange wie möglich funktionieren. Und wenn etwas kaputt geht muss es dann günstiger sein zu reparieren, anstatt einfach wegwerfen und ein neues kaufen wie es heutzutage ist. So wie Produkte mit „Made in Germany" Siegel bekannt sind für gute Qualität, müssen die Produkte bekannt sein als die umweltfreundlichsten und langlebigsten auf dem Markt. Wichtige Kriterien sind auch Waren und Verpackungen entweder Mehrweg oder biologisch- abbaubar und möglichst aus der Region (kurze Transportwege) herzustellen. Man kauft nicht nur eine Marke sondern ein Lebensgefühl. Das hat natürlich seinen Preis aber man könnte Ratenzahlungen vereinbaren, mit lebenslangen Garantien. Biolebensmittel müssen gefördert werden und Fleisch wegen seinem immensen Wasser –und Tiernahrungsverbrauch teurer sein. Um die Staatskassen zu füllen müssen sich die Reichen mehr an den gesellschaftlichen Lasten beteiligen durch höhere Vermögens-, Finanztransaktionen –und Erbschaftssteuern. Gleichzeitig müssen Steueroasen und Briefkastenfirmen die Steuerhinterziehung begünstigen, stärker bekämpft werden.

4. Werte

Wir alle wissen das wir weg müssen von unserem kapitalistischen Geldsystem das von einer Konsum –und Wegwerfmentalität abhängig ist, aber wie? Wir brauchen eine Wirtschaftsform, für die die Technologie und Automatisierung eine notwendige Unterstützung bei der Arbeit und im Alltag ist. Anders als heutzutage wo unsere technologischen Errungenschaften uns zwingen immer schneller und mehr arbeiten zu müssen, um über die runden zu kommen und uns in prekäre Arbeitsverhältnisse nötigt. Wir brauchen etwas das unser Sozialleben fördert, dass wir Zeit haben Freundschaften zu pflegen, in Vereinen tätig zu sein und Familien zu gründen. Das unsere soziale Unterstützung vom Staat abgesichert ist, dass wir uns nicht ständig sorgen müssen ob man genug Geld zur Verfügung hat um Gesundheit, Pflege, Mobilität und die Miete sich leisten zu können. Und letztendlich aber am wichtigsten, brauchen wir etwas was unsere Umwelt und Natur entlastet und nicht ein System das sie schädigt und zerstört. Es sollte unser Leben erleichtern und uns aber auch vorantreiben um uns weiter zu entwickeln. Das wir unserer modernen Welt einfach den Rücken kehren und uns zurück zu der Steinzeit besinnen ist natürlich keine Lösung. Der Mensch braucht immer einen Sinn in dem was er tut und im Leben. Er muss ein Ziel vor Augen haben, dass was uns Geld und Konsum bisher gegeben hat. Ich überlegte mir, was ist das was in unserer heutigen Welt von Wichtigkeit immer mehr an Bedeutung gewinnt und die Antwort lautete: Freizeit. Wir werden von der Arbeit, Alltag, Verkehr und Lebensplanung beschleunigt, alles muss schneller und effizienter sein. Was dazu führt das wir nichts richtig genießen können weil wir im Stress sind, was uns unzufrieden und krank macht. Eine Gesellschaft wo Freizeit und nicht Geld und Konsum das höchste Gut ist, ist eigentlich viel logischer. Güter werden nicht produziert um ein Maximum an Profit heraus zu schlagen, sondern um unser Leben zu erleichtern und das bei Berücksichtigung, dass sie qualitativ, langlebig, umweltfreundlich und regional sind. Wie könnte so ein System im Alltag funktionieren?

5. Rechte und Pflichten

RECHTE:

Jeder Bürger bekommt eine Karte in der seine Daten (Name, Adresse, Geburtstag und Guthaben) registriert sind. Mit seiner Karte hat er Zugang zu kostenloser Bildung, Gesundheit und Pflege. Öffentliche Verkehrsmittel und Telekommunikation sind ebenfalls gratis. Ihm steht bis zu einer bestimmten Quadratmeterzahl Wohnfläche zu. Außerdem hat jeder das Recht auf Arbeit.

PFLICHTEN:

Jeder muss entweder arbeiten, zur Schule gehen oder sich weiterbilden. Wenn dies nicht möglich ist muss er eine Therapie oder Kur machen. Also Arbeitslose gibt es nicht mehr. Es ist ein Unding das man ältere Menschen in die Rente schickt. Das sind die mit der meisten Erfahrung in ihrem Gebiet. Wer rastet der rostet, man kann sein Leben lang lernen und sich weiterbilden. Die Rente so wie wir sie kennen gibt es nicht mehr. Man könnte ärztliche Eignungstests durchführen lassen ob und wie viel es dem Menschen möglich ist seinem Beruf nachzugehen. Ob sie mit Rat –und Vorschlägen der Firma zur Seite stehen, oder von Zuhause aus arbeiten, muss entschieden werden. Man könnte von einem Richtwert anfangen, wie es heute üblich ist, dass jeder 36 – 40 Stunden Arbeitswoche und 30 Tage Urlaub im Jahr hat. Ziel ist das die Arbeitszeit immer mehr verringert wird und das man dadurch mehr Freizeit hat. Wer Kinder oder Pflegebedürftige hat darf einer Teilzeitbeschäftigung nachgehen. Es ist erstrebenswert so wenig wie möglich zu konsumieren und dadurch unsere Umwelt vor dem Aussterben zu retten.

6. Punktesystem

Alle die nicht arbeiten können z.B. Kinder, Schwerbehinderte, Rentner und Schüler bekommen jeden Monat ein Guthaben auf ihre Karte geschrieben. Dieses wird vielleicht in Umweltpunkte gerechnet z.B. 500 Umweltpunkte. Damit kann man das was man täglich braucht im Laden bezahlen. Menschen die arbeiten bekommen zusätzlich zu den Umweltpunkten (UP) ihren Lohn bezahlt sagen wir 1000 UP. Mit seinem Lohn bezahlt man Lebensmittel, seine Raten, Mietnebenkosten, Versicherungen, Sprit etc. Ziel ist es so wenig Punkte wie möglich zu verbrauchen. Am Jahresende werden die UP auf der Karte als Freizeitausgleich in Tagen oder Stunden verrechnet. Also je weniger man verbraucht desto mehr Freizeit hat man. Einen Beispiel: Ein Mann arbeitet Vollzeit und bekommt 1500 UP seine Frau arbeitet Teilzeit und bekommt 1300 UP. Beide Kinder bekommen jeweils 500 UP also hat die Familie ein monatliches Einkommen von 3800 UP. Sagen wir 100 UP sind eine Stunde Freizeit wert. Die Familie war sparsam und hat am Jahresende statt 45600 UP nur 36000 UP ausgegeben sie haben also 96 Stunden oder 12 Arbeitstage gutgeschrieben. Wenn man sich was Größeres anschaffen will oder muss, geht man zur Bank und sie bewilligt eine Ratenzahlung. Waren die umweltfreundlich, langlebig und regional hergestellt sind kosten am wenigsten. Man könnte sagen, dass es wie in unserer jetzigen Gesellschaft abläuft und dass wir gleich beim Geld bleiben können. Aber es ist ein riesen Unterschied ob alle für Geld und Konsum arbeiten, oder alle für weniger Konsum und mehr Freizeit arbeiten. Firmen und Einzelpersonen können ihre UP auch in Euros z.B. umtauschen aber der Wechselkurs wäre schlechter wie 1:1. Staatsbürger die auswandern bekommen nur Unterstützung wenn sie in einem anderen Land mit einer geldfreien Gesellschaft leben.

7. Familie

Heutzutage ist es schwierig Familie und Beruf unter einen Hut zu bekommen. Wo es früher reichte, dass der Mann alleiniger Ernährer der Familie war und die Frau sich um den Haushalt gekümmert hat, ist es heute fast unmöglich. Um genug zu verdienen muss man außerdem flexibler (Zweit –oder Drittjobs, lange Arbeitswege) und immer erreichbar sein, was das Familienleben belastet. Eltern haben weniger Zeit für Zweisamkeit und Schlüsselkinder sind die Regel geworden. In der geldfreien Gesellschaft (GFG) hat die Familie einen hohen Stellenwert. Dadurch dass man mehr Freizeit hat, kann man seine Energie der Familie widmen. Die Kinder können sich an einer richtigen Erziehung erfreuen. In der Schule sollten der Umgang und Kommunikation mit anderen Menschen, Umwelttechnologie, Informatik und Robotik Hauptfächer sein.
Mehrgenerationenhäuser und WGs sind umweltfreundlicher da Gebrauchsgegenstände und Ressourcen effizienter genutzt werden und sind daher zu fördern.

8. Arbeit

Firmen konkurrieren nicht um mehr Güter herzustellen und dadurch mehr Umsatz zu erwirtschaften, sondern um qualitativ höhere, umweltbewusstere und regionalere Waren zu produzieren. Es sollte ein Umweltministerium geben das wie Stiftung Warentest, sämtliche Waren und Dienstleistungen auf dem Markt prüft und dadurch die ungefähre Preisspanne ermittelt. Die Produzenten die am besten herstellen (leicht reparierbar) oder Dienstleistungen anbieten, bekommen den günstigsten UP Tarif, dadurch sind sie für den Verbraucher am attraktivsten. Für Unternehmen die keine Produkte herstellen oder gratis Sozialleistungen anbieten wäre es ratsam UP Tarife einzuführen. Die umweltfreundlichsten Wirtschaften, könnten ihren Mitarbeiter minimal höhere UP Löhne bezahlen um einen Anreiz zu schaffen. Um für sein Unternehmen die besten Arbeitnehmer zu gewinnen ist es von Vorteil, Automatisierungsprozesse voranzutreiben das es möglich ist den Mitarbeitern mehr Freizeit zugeben. Arbeit von Zuhause aus ist natürlich auch ein Pluspunkt. Berufe die nicht sehr beliebt sind z.B. wo Nacht –und Feiertagsschichten notwendig sind, könnte man mit etwas höheren UP Löhnen berechnen. Es gibt so viele Erfindungen und alternative Techniken, die umweltfreundlicher sind aber nicht so rentabel, wie Elektro –und Wasserstoffantriebe, Plastik aus Holz (bioabbaubare Kunststoffe) und Recyclebare –oder Mehrwegverpackungen die dann gefördert werden. Tausch –und Leihgeschäfte, Carpools und Carsharing werden bestimmt noch interessanter. Exportartikel könnten mit monatlichen Raten und lebenslangen Garantien vertrieben werden und wären wettbewerbsfähig wegen ihrer besten Qualität, gute Umweltverträglichkeit, niedrigem Verbrauch und auf dem höchsten technologischen Stand. Das erwirtschaftete Geld kann man in UP wechseln. Andere Länder die auch GFG einführen, wären dann bevorzugte Handelspartner. Wenn ein Betrieb Rohstoffe oder Güter importieren muss, bekommt er von der Bank Geld wenn er ein tragfähiges Konzept erarbeitet, was Umweltaspekte bevorzugt. Bei GFG wird versucht mehr zu reparieren und nicht einfach wegzuwerfen. Wenn etwas neu ersetzt werden muss, dann durch ein recyclebares, langlebigeres, biologisch abbaubares und technologisch fortgeschrittenem Ersatzteil oder ganzem Produkt. Bestimmte Berufs –und Wirtschaftszweige werden sicherlich verschwinden und Platz schaffen für neue, die durch die GFG entstehen. Es wird auch weniger Verkehr und Superreiche geben, aber für die meisten von uns wäre es eine Win-Win Situation. Bei GFG würden reiche Länder genug Arbeitskräfte haben durch die Automatisierung und durch die Rentner und Arbeitslosen. Die Bevölkerungen von ärmeren Ländern würden nicht mehr explodieren weil die Population sozial abgesichert und höher gebildet wäre. Wir können noch so viel versuchen unseren biologischen Fußabdruck zu verkleinern, wenn die Weltbevölkerung weiter so wächst verbrauchen wir mehr Ressourcen und verursachen mehr Schäden an der Natur.

9. Wohnraum

Jeder Bürger hat das Recht auf eine Wohnfläche z.B. von 30 qm. Es existieren also keine Obdachlosen. Alles was darüber ist, zahlt man Miete oder tilgt in Raten ab. Neue Wohnungen und Häuser sind so umweltfreundlich und energieniedrig wie möglich zu bauen. Solardächer, Sonnenkollektoren, Erdwärmeheizung, Windräder etc. sind wünschenswert. Von Vorteil ist, wenn man in seinem Garten seine eigenes Bio-Gemüse oder Bio-Fleisch züchtet, dadurch erwirtschaftet man UP und im Endeffekt Freizeit. Es gilt so wenige Nebenkosten zu erzeugen, was ebenfalls zum Monatsende mehr UP übrig bedeutet.

10. Freizeit

Wer umweltbewusster arbeitet und lebt, erzielt mehr Gewinn. Im Gegensatz zu Kapitalismus ist der Gewinn statt Geld Freizeit. Man könnte es statt Kapitalismus Otiumismus nennen, das bedeutet so viel wie Freizeitlehre. Aber was machen mit mehr Freizeit? Ganz einfach, dass was wir jetzt weniger Zeit haben zu machen: Hobbies nachgehen, sich selber verwirklichen in Vereinen und ehrenamtliche –oder sportliche Tätigkeiten, Veranstaltungen wie Musikfestivals oder Kunstausstellungen besuchen. Oder wie vorher erwähnt seine eigene Nahrung züchten im Garten oder in Erzeuger Gemeinschaften, kaputte Gegenstände reparieren was beides letztendlich mehr Freizeit bedeutet. Es sollte gratis Museen und Fachmessen geben mit Workshops und Gesprächsrunden wo Leute experimentieren und diskutieren können, wie man alles ökologischer und effizienter erledigt. Man hätte mehr Zeit seine Kinder zu unterstützen und erziehen und das Familienleben zu genießen „Kinder sind Reisende, die nach dem Weg fragen, wir wollen ihnen gute Begleiter sein". Bekannten –und Freundeskreis würden nicht mehr zu kurz kommen. Und durch Erholung und mehr Schlaf wären wir seltener ausgepowert und krank. Wie man seine Freizeit einteilt könnte man mit seinen Chef oder Arbeitsteam besprechen, ob Gleitzeit, bestimmte Stunden oder Tage in der Woche und was man Zuhause schaffen könnte. Sogenannte „Sabaticals" also ein Jahr frei nehmen wären leichter zu verwirklichen.

11. Schlusswort

Früher war eine GFG ohne Kapitalismus nicht möglich. Aber durch die Industrie Revolutionen, haben wir unsere Welt so weit entwickelt, dass wir uns jetzt die Frage stellen können in was für einer Welt wir leben wollen. Wenn wir es weiter so wie bisher machen, wird es eher schlechter wie besser: Mehr Raubbau an die Natur, Rohstoffkriege, Terror, Flüchtlinge und Umweltverschmutzung. Mehr durch stressbedingte, Zusatzstoffe, Pestizide und Gentechnik verursachte Krankheiten. Schlechtere Sozial- und Umweltstandards durch Freihandelsabkommen. Wir sehen doch, dass Kapitalismus am Ende ist. Es wird ständig frisches Geld in die Märkte rein gepumpt um die Wirtschaften anzukurbeln aber es vergrößert nur die Schere zwischen Arm und Reich. Irgendwann muss die Demokratie vor Kapitalismus weichen und um gegen soziale Konflikte besser gewappnet zu sein, wird der gläserne Mensch noch intensiver überwacht. Wir können uns weiter empören über die tägliche Flut von Krisen, Skandale und Katastrophen und uns danach „Business as usual" widmen, oder was dagegen tun.

Das wäre wie wenn die Menschheit in 100 Autos auf einer riesigen breiten Straße nebeneinander rasen würde. Irgendwann würde die Straße immer schmäler, bis es so eng ist das es nur zu einem Gebäude führt, ein Motorradgeschäft. In mitten dieses Motorradgeschäftes gibt es einen Weg wo ein Motorrad durch passt. Was würden Sie machen? Geben Sie weiter Vollgas und fahren gegen ein anderes Auto oder prallen Sie lieber frontal gegen das Gebäude? Oder versuchen Sie alle Fahrzeuge anzuhalten und sagen jeder soll aussteigen, ein Motorrad nehmen und nacheinander den Weg durch das Gebäude fahren?

Es ist einfacher zu sagen, dass die anderen Fahrer sowieso nicht zuhören werden und weiterfahren, aber wäre es nicht sinnvoller möglichst alle Fahrer zu überreden umzusteigen? Die Fahrer mit schnellen Ferraris und luxuriösen Rollsroyces werden wahrscheinlich am schwierigsten zu überzeugen sein, auf ein Motorrad umzusatteln. Warum soll ich meinen Luxusschlitten für ein Motorrad umtauschen? Aber egal was für eine Nationalität, ob Reich oder Arm wir sitzen alle in dem selben Boot, wir können nicht weiter machen wie bisher, weil sonst unser Planet zu Grunde geht aber wir haben nur den Einen. Es ist nötig das ein Staat mit GFG anfängt weil eine einheitliche Gesundheits, Bildungs, –und Beschäftigungsinfrastruktur vorhanden sein muss. Fast jedes Land hat das Potenzial anzufangen aber wer wird der Vorreiter? Wer will seiner zukünftigen Generation schon einen Müllplatz hinterlassen? Wollen wir nicht lieber unseren Kindern und Enkelkindern ein intaktes Ökosystem vererben? Es kann nicht von heute auf morgen verändert werden, aber wir könnten in die Geschichte eingehen als die Generation die die Welt rechtzeitig zum positiven verändert hat. Wenn sich immer mehr Länder dem GFG Modell anschließen dann können wir die Erde retten. Ich glaube nicht das wir Menschen, wie suggeriert wird, von Natur aus gierig sind es ist das System das uns vor geigt das wir immer mehr brauchen. Geld macht uns auch nicht glücklich wir haben eine kurze Freude wenn wir etwas erwerben, die schnell verfliegt. Was dauerhaft glücklich macht, sind gute soziale Bindungen. Was Sinnvolles mit seinem Leben zu machen und im reinen mit der Natur zu sein, sind ebenfalls unerlässlich. Ich bin überzugt in einer GFG würde es weniger Neid, Gewalt, kaputte Beziehungen, Verbrechen, Kriege und Umweltkatastrophen geben. Dieses Buch sollte ein Anstoß sein für Ideen und Denkansätze um eine neue Gesellschaft zu verwirklichen, die zum Wohle unserer Erde dient.

Sie denken Sie sind nur ein einzelner Mensch und können sowieso nichts dran ändern, aber jeder von uns ist wichtig. Wir müssen miteinander darüber reden, Chatforums einrichten und in jedem Land eine GFG Partei gründen. Entscheiden wir uns für eine Welt wo Maschinen die Arbeit übernehmen und wir dadurch mehr Freizeit haben, wo wir miteinander leben und nicht gegeneinander und wo wir mit der Natur und unserer Umwelt leben, noch ist es nicht zu spät…

Danke

Ein besonderer Dank an meine Frau, die mir geholfen hat, dass Buch zu verfassen.

Quellen

1. https://www.lernhelfer.de/schuelerlexikon (Seite 5)
2. https://de.m.wikipedia.org/wiki/Faschismus (Seite 5)
3. politik-lexikon.at/planwirtschaft (Seite 6)
4. https:/ago.immerda.ch/index2.php?option= (Seite 7)
5. " Denn eins ist sicher: Die Rente "
   Spiegel.de/wirtschaft/soziales/norbert-bluem... (Seite 9)
6. sprueche.woxikon.de/sprueche-zur-geburt/1714
   „Kinder sind Reisende die nach dem Weg fragen, wir wollen Ihnen gute Begleiter sein „ (Seite 23)